Inhalt

Allfinanzaufsicht

Kernthesen

Beitrag

Fallbeispiele

Weiterführende Literatur

Impressum

Allfinanzaufsicht

M.Floßmann

Kernthesen

- Seit dem 01.Mai 2002 wird die Aufsicht über Kredit- und Versicherungswesen sowie Wertpapierhandel / Asset-Management in Deutschland von einer einzigen Behörde, der Bundesanstalt für Finanzdienstleistungsaufsicht (BAFin) ausgeübt.
- Die Zusammenfassung der bisher von drei separaten Ämtern wahrgenommenen Kontrollaufgaben zu einer Allfinanzaufsicht ist die Konsequenz des Gesetzgebers aus stark veränderten Marktgegebenheiten und Risiken.
- Zudem ist die Neuordnung ein Schritt in Richtung einer vereinheitlichten EU-Aufsicht.

- Neben der erwarteten Effizienzsteigerung soll vor allem das Vertrauen der Anleger in den Finanzmarkt Deutschland gestärkt werden.

Beitrag

Wesentliche Veränderungen an den Finanzmärkten veranlassten den Gesetzgeber in Deutschland zu einer Reform der Finanzaufsicht. Diese wird seit dem 01.Mai 2002 von der neu gegründeten Bundesanstalt für Finanzdienstleistungen (BAFin) als single regulator ausgeübt. Dies bedeutet die Zusammenfassung der bisherigen Bundesaufsichtsämter für Kreditwesen, für Versicherungswesen und Wertpapierhandel unter einem Dach. Kernaufgabe der Aufsicht ist es, die Funktionsfähigkeit des Finanzplatzes Deutschland zu gewährleisten. Im Vordergrund steht die Solvenzsicherung sowie der Anlegerschutz. (2) Die BAFin ist befugt, Verstöße gegen die zugrundeliegenden Gesetze (z. B. KWG, VAG , WpHG) mit Bußgeldern zu ahnden, verfügt aber nicht über die Kompetenz zur Strafermittlung. (7)

Einige Daten zur neuen

Allfinanzbehörde

Die BAFin ist eine rechtsfähige unmittelbare Anstalt des öffentlichen Rechts. Nachdem die Finanzierung in voller Höhe durch die beaufsichtigten Institutionen erfolgt, entfällt die Abhängigkeit vom Bundeshaushalt. Eine Möglichkeit zur Einwirkung ist den Vertretern der Finanzindustrie über den Verwaltungsrat gegeben, dessen Großteil der Mitglieder sie stellt (10 von 21). Dieser nimmt Überwachungs- und neben dem Fachbeirat Beratungsaufgaben gegenüber der Anstaltsleitung wahr und ist für den Haushaltsplan der Anstalt verantwortlich. Innerhalb der Organisation findet sich die Aufteilung in Bank-, Versicherungs- und Wertpapieraufsicht wieder. Ergänzend wurden für sektorübergreifende Aufgaben neue Querschnittsabteilungen installiert (z. B. für Bekämpfung von Geldwäsche).
Der erste Präsident, Jochen Sanio, war vormals Präsident des Bundesaufsichtsamtes für Kreditwesen. Die rund 1.100 Mitarbeiter der Anstalt sind zuständig für die Aufsicht über circa 2.700 Kreditinstitute, 800 Finanzdienstleister und mehr als 700 Versicherungsunternehmen. (4)

Gründe für die Allfinanzaufsicht

Von Banken, Finanzdienstleistungs- und Versicherungsunternehmen werden zunehmend Allfinanzstrategien mit entsprechenden Konzernbildungen verfolgt. Eine klare Abgrenzung zwischen der von Banken bzw. Versicherungen angebotenen Produkte ist nicht mehr gegeben. Einerseits im Hinblick auf einheitliche Wettbewerbsbedingungen, andererseits um eine möglichst effiziente Aufsicht spartenübergreifend zu gewährleisten, bietet sich eine integrierte Finanzaufsicht an.

Steigende Risiken im Finanzsektor - insbesondere auch im Versicherungswesen nach den Terroranschlägen des letzten Jahres -, Skandale und Marktmissbräuche machen Schritte zur Stärkung des Vertrauens der Anleger notwendig.

Nicht zuletzt entspricht das Konzept der Allfinanzaufsicht auch der internationalen Entwicklung. So gibt es eine integrierte Finanzaufsicht beispielsweise in Großbritannien, Skandinavien, Japan, Australien und seit dem 01.04.2002 in Österreich. (4)

Erwartungen

Von der Bündelung der Finanzaufsicht will man primär die im Hinblick auf die jüngsten Krisen dringend notwendige Stärkung bzw. Wiedererlangung des Vertrauens in den deutschen Kapitalmarkt vorantreiben. Dies nicht zuletzt unter den wichtigen Aspekten einer Verbesserung der Eigenkapitalausstattung deutscher Unternehmen und der Sicherheit privater und betrieblicher Altersvorsorge. (1)

Fortschrittlich ist die Neuregelung auch im Sinne einer Effizienzsteigerung und einer Wissensbündelung. Als weitere Argumente werden eine bessere Marktübersicht sowie die Vereinfachung für sektorübergreifend tätige, speziell auch ausländische Unternehmen, angeführt.
Zudem sollte die neu geschaffene Behörde auf internationalem Terrain deutsche Belange effektiver vertreten können.

Personalprobleme

Um die Fülle der Aufgaben - auch im Hinblick auf die künftigen Vorgaben von Basel II (Supervisory Review Process)- bewältigen zu können, wird die BAFin einen höheren Personalbestand und vor allem auch Fachkräfte mit der entsprechenden Qualifikation und

Erfahrung im Finanzbereich benötigen. (3) Letzteres bereitete vor allem in der Vergangenheit den Vorgängerämtern aufgrund fester Gehaltsvorgaben erhebliche Probleme. Man hofft, bestehende Defizite durch freiere Gehaltsgestaltung aufgrund der Neuorganisation (Unabhängigkeit vom Bundeshaushalt) abmildern zu können. Zahlen, die das Personalproblem verdeutlichen: Bislang ist eine Abteilung mit 40 Mitarbeitern für 40.000 Beschwerdeeingänge pro Jahr zuständig. (7)

Befugnisse der Notenbank

Kritisiert wird von den Notenbänkern die mangelnde Einbindung der Deutschen Bundesbank. Es wird von Eifersüchteleien und Machtkämpfen gesprochen, welche die Ausnutzung von Synergiepotentialen vereiteln. Auch auf EU-Ebene wird wohl die von EZB und Notenbanken angestrebte Führungsrolle in der Finanzmarktaufsicht nicht realisiert werden können. Angeregt wurde von deren Seite die Nutzung und der Ausbau bereits bestehender Gremien, wie zum Beispiel des Banking Supervisory Committee´s (BSC), während der Vorschlag der Finanzminister die Einrichtung neuer Ausschüsse ohne gewichtige Funktion der EZB bzw. der Notenbanken vorsieht. (12), (6)

Fallbeispiele

Beispiele für die Tätigkeit der BAFin:

Bereich Bankenaufsicht:

Derzeit wird ein Entwurf für Mindestanforderungen an das Kreditgeschäft der Kreditinstitute überarbeitet. Dieser stellt - auch in Hinblick auf die vom Baseler Ausschuss für Bankenaufsicht ausgearbeiteten principles in the management of credit risk - detaillierte Mindeststandards für alle Kreditinstitute im Bereich Funktionstrennung Markt-Marktfolge, Votierung und Reporting auf. (5)

Bereich Versicherungsaufsicht:

Mittels Fragebögen verschafft sich die BAFin Informationen zur Beurteilung der Risikosituation der durch den Kursverfall am Aktienmarkt unter Druck geratenen Lebensversicherungsgesellschaften. Die Aufsicht ist gegebenenfalls befugt, den Vorstand des problembehafteten Unternehmens abzusetzen, Neuabschlüsse zu verbieten oder in Richtung einer Fusion oder Übernahme zu vermitteln. Die Versicherungsunternehmen selbst haben angesichts der derzeitigen Krise einen Pool aller Versicherer angeregt, der angeschlagene Gesellschaften auffangen soll. (11)

Bereich Wertpapieraufsicht/ Asset-Management:

-Prüfung eines möglichen Ad-hoc-Verstoßes bei der Veröffentlichung der Halbjahreszahlen der Commerzbank AG (10)
-Insider-Untersuchungen zum Beispiel im Zusammenhang mit der Kursentwicklung im Vorfeld der Gewinnwarnung von MLP (8)
-Im Fall Mobilcom / France Télécom erfolgte eine Untersuchung, ob für die in Streubesitz befindlichen Mobilcom-Aktien nach WpÜG ein Abfindungsangebot abgegeben werden muss (9)

Weiterführende Literatur

(1) Allfinanzaufsicht - die reorganisierte Wacht an Rhein und Main als Garant für neues Anlegervertrauen
aus Zeitschrift für das gesamte Kreditwesen Nr. 13 vom 01.07.2002 Seite 634

(2) Bundesanstalt soll den Finanzplatz Deutschland stärken
aus Die SparkassenZeitung, 10.05.2002, Nr. 19, S. 3

(3) Auch das BAFin wird unter Personalproblemen leiden
aus Versicherungswirtschaft, 1.6.2002, 57.Jg., Nr. 11, S. 849

(4) Einecke, Helga, Deutsche Finanzaufsicht bündelt ihre Kräfte, Süddeutsche Zeitung, Ausgabe Deutschland, 07.05.2002, S. 21
aus Versicherungswirtschaft, 1.6.2002, 57.Jg., Nr. 11, S. 849

(5) Die BAFin schmiedet mit den "MaK" ein heißes Eisen "Mindestanforderungen an das Kreditgeschäft" in Vorbereitung - Rundschreiben-Entwurf spätestens Anfang Oktober
aus Börsen-Zeitung, 25.07.2002, Nummer 141, Seite 17

(6) Der Kommissionsentwurf einer Marktmissbrauchrichtlinie

aus Europäische Zeitschrift für Wirtschaftsrecht, Heft 02/2002, S. 43

(7) Allfinanzaufsicht stockt auf, Süddeutsche Zeitung, Ausgabe Deutschland, 22.07.02, S. 21
aus Europäische Zeitschrift für Wirtschaftsrecht, Heft 02/2002, S. 43

(8) Voruntersuchung der BAFin zu MLP
aus Börsen-Zeitung, 06.08.2002, Nummer 149, Seite 1

(9) Schwerer Schlag für Mobilcom-Streubesitz BAFin bescheidet Anspruch auf Abfindungsangebot von France Télécom negativ - Aktie bricht ein
aus Börsen-Zeitung, 02.08.2002, Nummer 147, Seite 9

(10) BAFin prüft bei Commerzbank
aus Börsen-Zeitung, 07.08.2002, Nummer 150, Seite 17

(11) Notlösung für Lebensversicherer Gesunde Unternehmen wollen schwache Konkurrenten auffangen " Finanzaufsicht soll am Donnerstag zustimmen
aus FTD Financial Times Deutschland vom 13.08.2002, Seite 1

(12) EZB muss ehrgeizige Aufsichtspläne begraben Finanzminister wollen Notenbanken nur begrenzt einbinden - Größere Rolle des EZB-Ausschusses abgelehnt
aus Börsen-Zeitung, 19.07.2002, Nummer 137, Seite 6

Impressum

Allfinanzaufsicht

Bibliografische Information der deutschen Nationalbibliothek

Die Deutsche Nationalbibliothek verzeichnet diese Publikation in der deutschen Nationalbibliografie; detaillierte bibliografische Daten sind im Internet über http://dnb.d-nb.de abrufbar.

ISBN: 978-3-7379-0665-4

© 2015 GBI-Genios Deutsche Wirtschaftsdatenbank GmbH, Freischützstraße 96, 81927 München, www.genios.de

Alle Rechte vorbehalten. Dieses Werk ist einschließlich aller seiner Teile – z.B. Texte, Tabellen und Grafiken - urheberrechtlich geschützt. Jede Verwertung außerhalb der Grenzen des Urheberrechtsgesetzes bedarf der vorherigen Zustimmung des Verlags. Dies gilt insbesondere auch für auszugsweise Nachdrucke, fotomechanische Vervielfältigungen (Fotokopie/Mikroskopie), Übersetzungen, Auswertungen durch Datenbanken oder ähnliche Einrichtungen und die Einspeicherung und Verarbeitung in elektronischen Systemen.